IKENOBO

生花・立花
水仙ノート

もくじ

生花 水仙

立花 水仙

作品制作協力

上津原將仁 名誉教授
柴田 英雄 特命教授
瀬島 弘秀 特命教授
伊貝 玉永 特命教授
香月 義則 特命教授
松永 滋 特命教授
古川 守彦 特命教授
東 勝行 特命教授
竹内 稔晴 特命教授
井上 三郎 特命教授
三浦 友馨 特命教授
秋野 仁 教授
中村 福宏 教授
森部 隆 教授
小林 春荘 教授
西田 永 教授

生花

七種傳　水仙

水仙の生花のいけ方については、池坊に入門し、その次の段階である「初伝」の職位に達した時に下付される伝書『初伝』内の「七種傳」に記されています。

伝統的な花材の中で、冬に花を咲かせるものには、椿、ぼけ、梅などがありますが、水仙もまた、冬に花を咲かせる貴重な植物として大切に扱われてきました。そのため、伝書では書き出しに「陰の花水仙に限る。賞美すべき花なり」とあり、最後には「祝儀の席に用うべし」とあります。

水仙は、大地からまっすぐに伸び立つものなので、その出生から横掛にはせず、置き生や向掛にします。

葉にねじれがあるのが特徴で、通常四枚の葉の和合の中に花茎があり、これを一株として扱います。自然の中に生育する水仙の中には、葉が五枚、三枚のものもありますが、生花には四枚で用います。また、葉には白い粉状のものが付いており、これを取ってしまわないように注意しなければなりません。

水仙にはいくつかの品種がありますが、伝承の生花としていける水仙では、ニホンズイセンを用います。

置き生の場合、二本でいける場合と、三本でいける場合があります。

二本でいける場合は、一本で真・副を取り、もう一本を体とします。従って、花葉の長さは後ろの株が高く、前の株が低くなります。

三本でいける場合は、真・副・体に各一本ずつ使い、後ろから真・副・体の順に前へ挿していきます。一般的な生花は真を中心として後ろに副、前に体を配しますが、水仙の三本生は異なります。この場合も、一番後ろの株を高くし、副は真より低く、体は副より低くします。

水仙は、葉を前短後長にして長短を付け、ねじれを同調させていけることで、凜とした姿が生きてきます。そこで葉の長さを調節するために、まず水仙の根元にある白根（袴ともいう）を外し、一度葉をばらばらにして組み直します。

水仙はできるだけ素直で長いものを選びます。次に、白根を外しますが、出生を表すため、一度外した白根をもう一度はめ込む必要があります。白根は、破れないよう、ゆっくりと指でもみほぐしながら外していきます。外した白根は乾燥しやすいので、水に浸しておくとよいでしょう。白根はツメのように高くなった部分がありますが、そちらを前に向けて使います。この白根の部分は、いけたときに後ろの株が高く、前の株が低くなるようにします。

葉の組み方は、長さを「だんだん」にする場合と「ちどり」にする場合があります（下図）。どちらをどのように使うかは、地域や師によりそれぞれの教えがあります。

体に用いる株は、長い葉を短く切って使うのではなく、小さく短い株を使うと、葉が太くならずに水際も締まります。

花は、二本生では真・副の株、三本生では真と副それぞれの株に開花を用いますが、体は蕾を使います。

白根のはめ方、葉の撓め方は思い通りに行えるようになるまでには修練が必要です。人によりその方法も違うので、師からよく学びましょう。

花留めは、二本生は井筒配り、三本生は又木配りでもいけます。また、水仙の咲き始めの季節は二本生として開花を少なくし、水仙が群れ咲く季節に三本生として開花を多くいけます。さらに、早春には他の草木の根〆として用いたり、水仙の根〆に他の花を用いたりします。

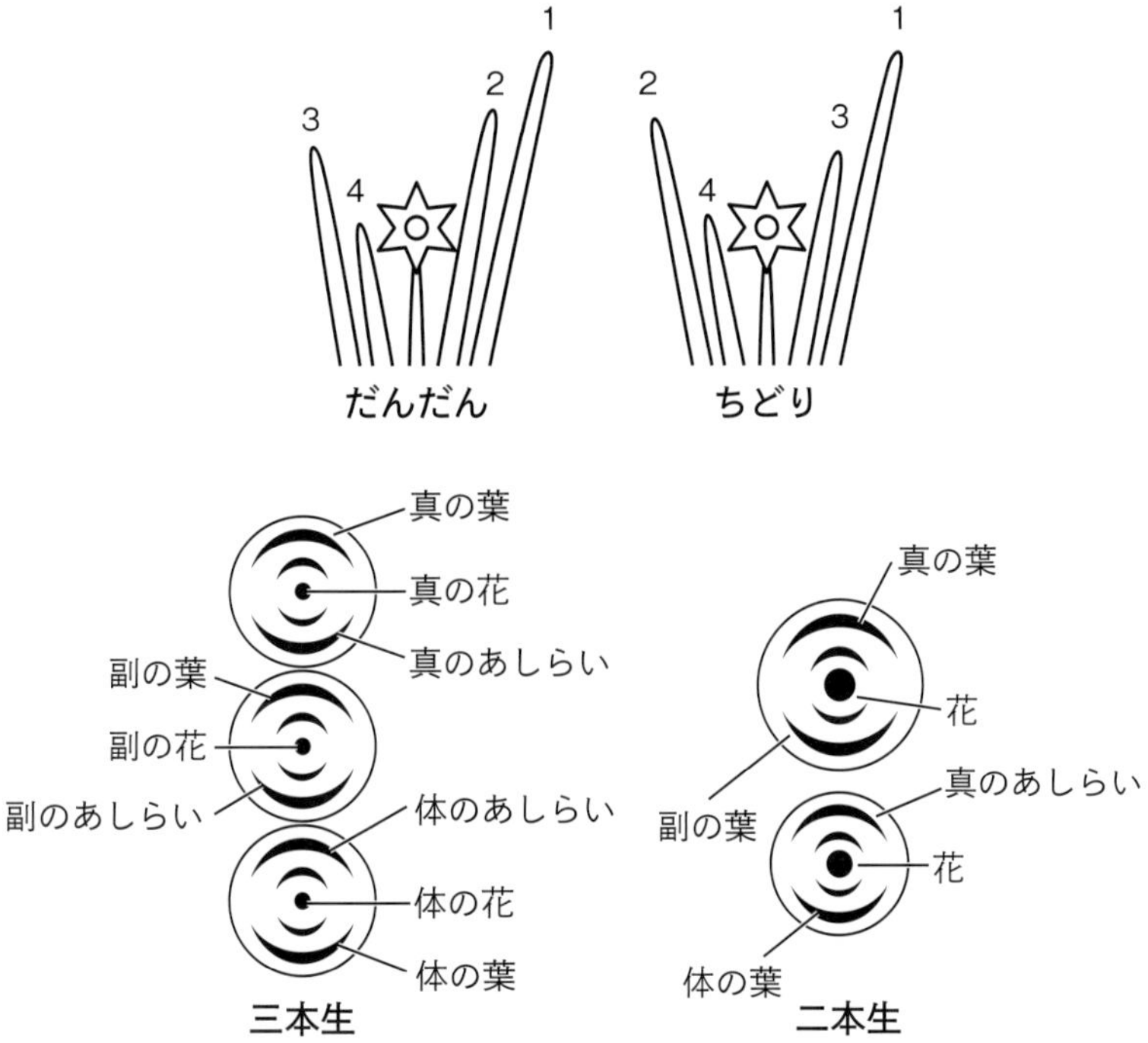

二本生（本勝手）

【花材】水仙

一本で真・副、もう一本で体とします。

三本生（本勝手）

【花材】水仙
真・副・体にそれぞれ一本ずつ使います。

二本生（逆勝手）

【花材】水仙

逆勝手は、葉のねじれにより真の姿を整えるのが難しくなります。

三本生（逆勝手）

【花材】水仙

葉のねじれの関係で、体は出しやすくなります。

根〆に他の花材を用いた場合

【花材】水仙　シクラメン

伝書にはきんせんかが示されていますが、同じ季節の花材で、色の対比が美しいシクラメンを使用しています。

根〆に水仙を用いた場合

【花材】さんしゅゆ　水仙

早春には、他の花材の根〆に水仙を用いたり、水仙の根〆に他の花材を用いたりすると趣があります。

向掛

【花材】水仙

花を横へ出さず、置き生同様に立ち伸びる姿をいけ表します。

二重生（下の重に水仙）

【花材】れんぎょう　小菊　水仙

二重生では、下の重の窓の中にひっそりといけます。

泊船

【花材】水仙

帆をたたみ、静かに浮かぶ船を表す姿に、水仙がよく合います。花留めには又木配りを使います。

《参考絵図》

『挿花百規』 文政三年(一八二〇)刊

池坊専定撰による生花図集で、現在の生花の形が定まる以前の姿が描かれています。
この図の水仙は、葉組みが三枚のものがあり、白根も見えません。

《参考絵図》

体はずしの生花水仙。
上下のバランスを取るためか、副が少し低く構成されています。

《参考絵図》

一株だけで表現された水仙。
立ち姿が美しく、葉の長短、曲がりが絶妙です。

《参考絵図》

『専明挿華集』

明治三十年（一八九七）刊

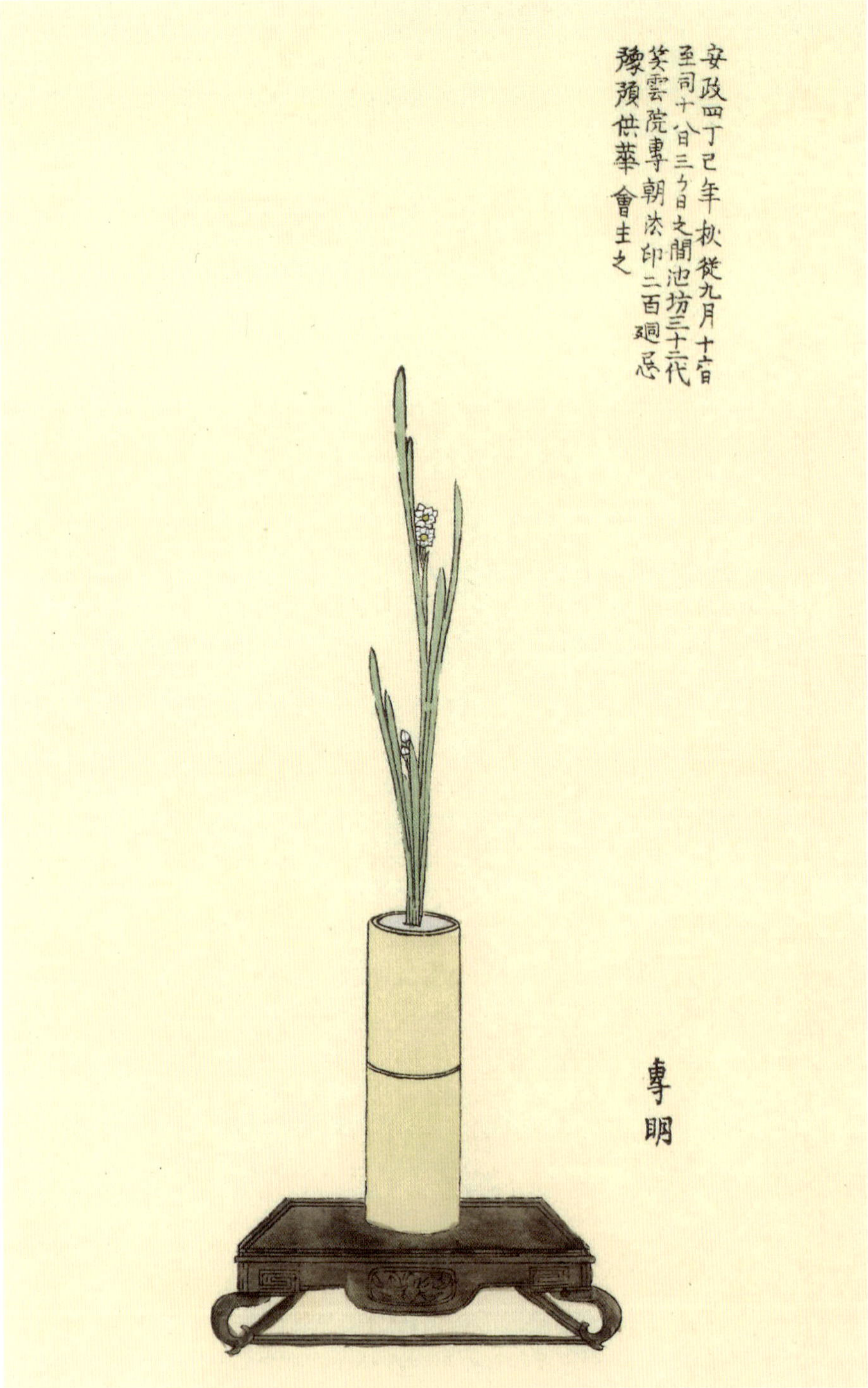

二本生の水仙。
旧暦の九月十六日は今の十月中旬。花期が早いように思われますが、江戸時代の気温は現代より低かったといいます。

安政四丁巳年秋従九月十六日
至同十八日三ヶ日之間池坊三十二代
笑雲院専朝法印二百廻忌
豫預供華會生之

《参考絵図》

『専正立生華集』

明治三十年（一八九七）刊

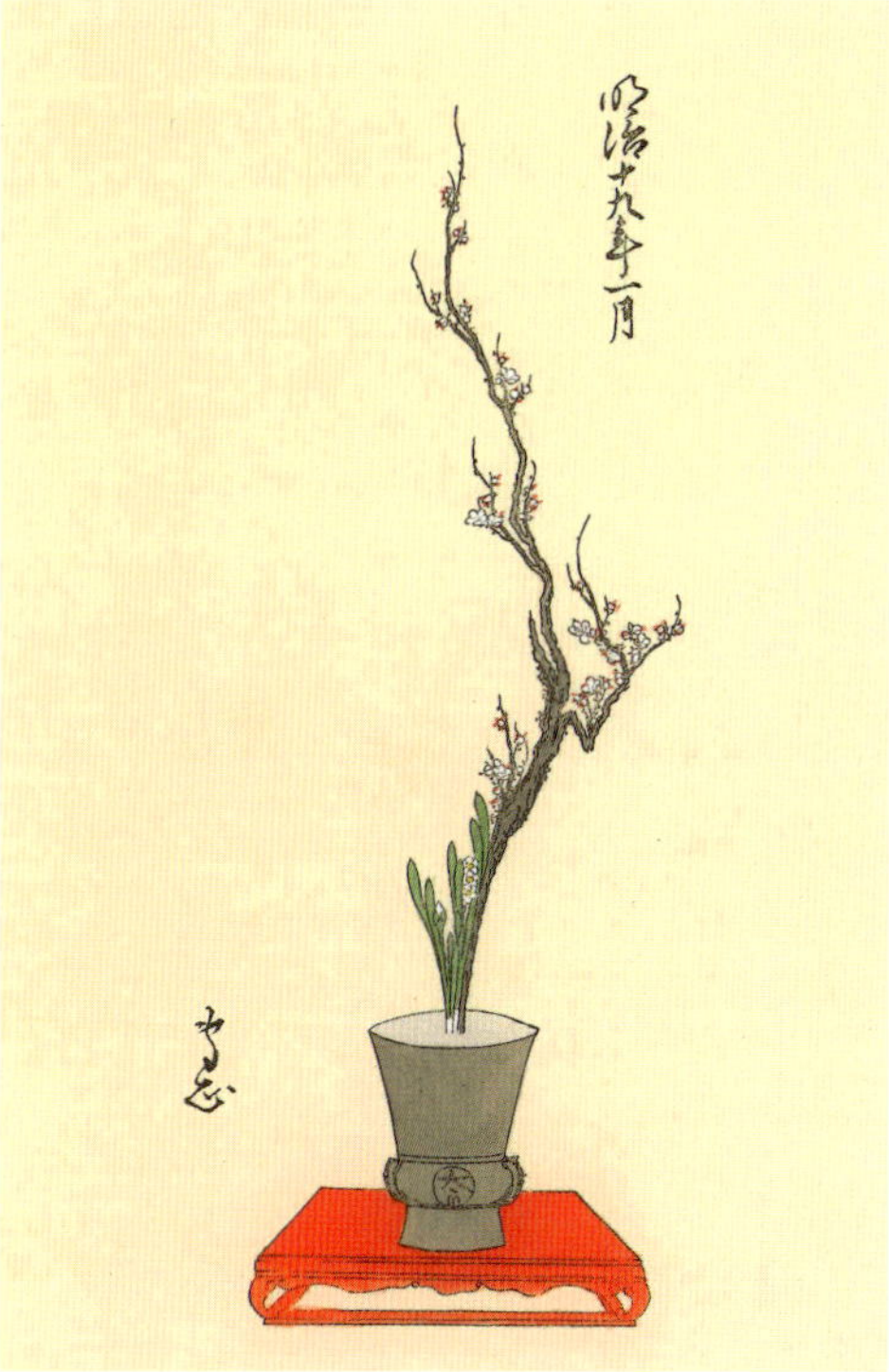

水仙を根〆とした生花。

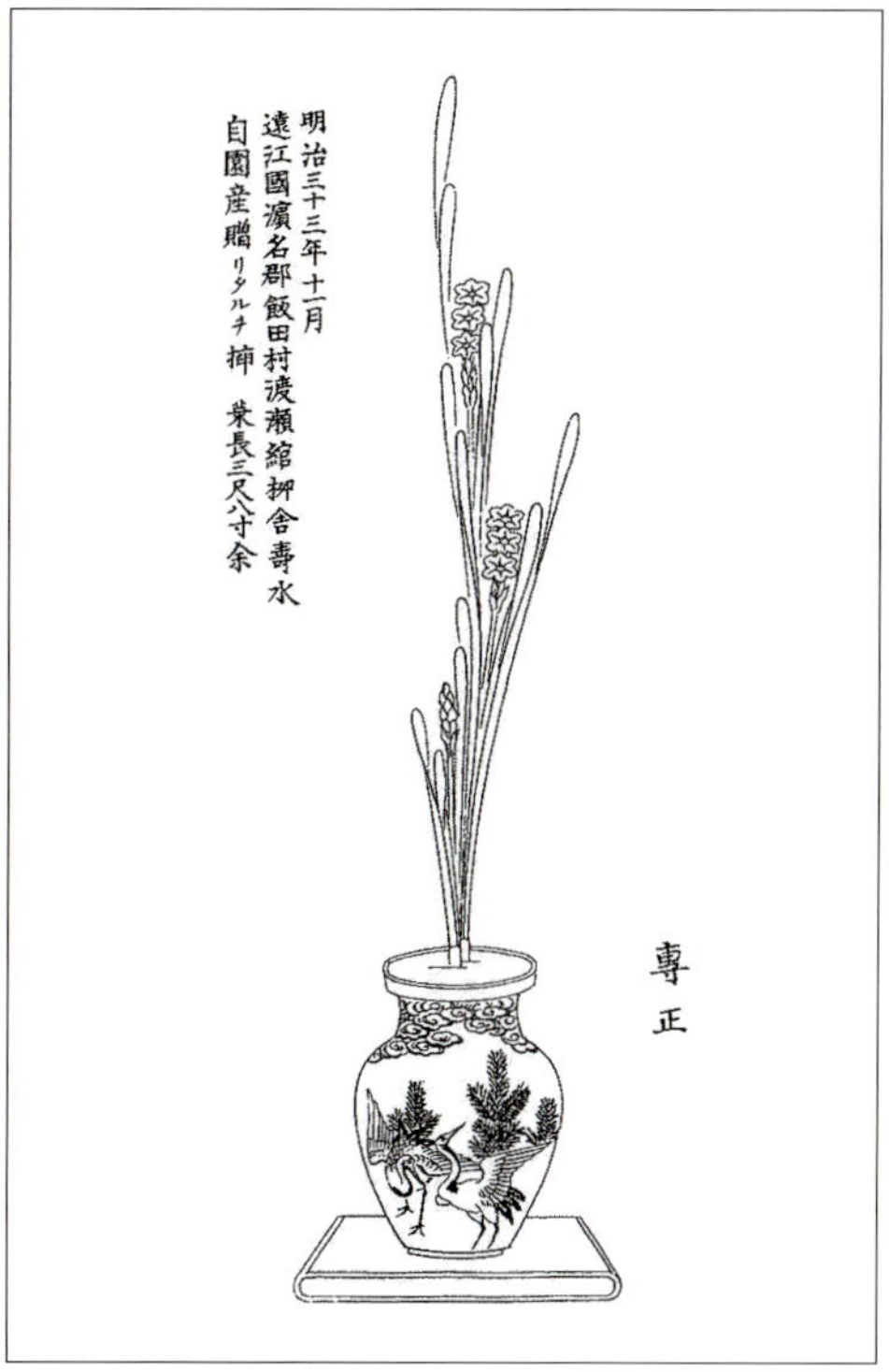

三本生（逆勝手）

（後刷本　追加二十九図より）

明治三十三年十一月
遠江國濵名郡飯田村渡瀬縮栁舍壽水
自園産贈リタルヲ挿　葉長三尺八寸余

《参考絵図》

『華道家元 華かゝみ 花心粧の巻』

明治三十七年（一九〇四）刊

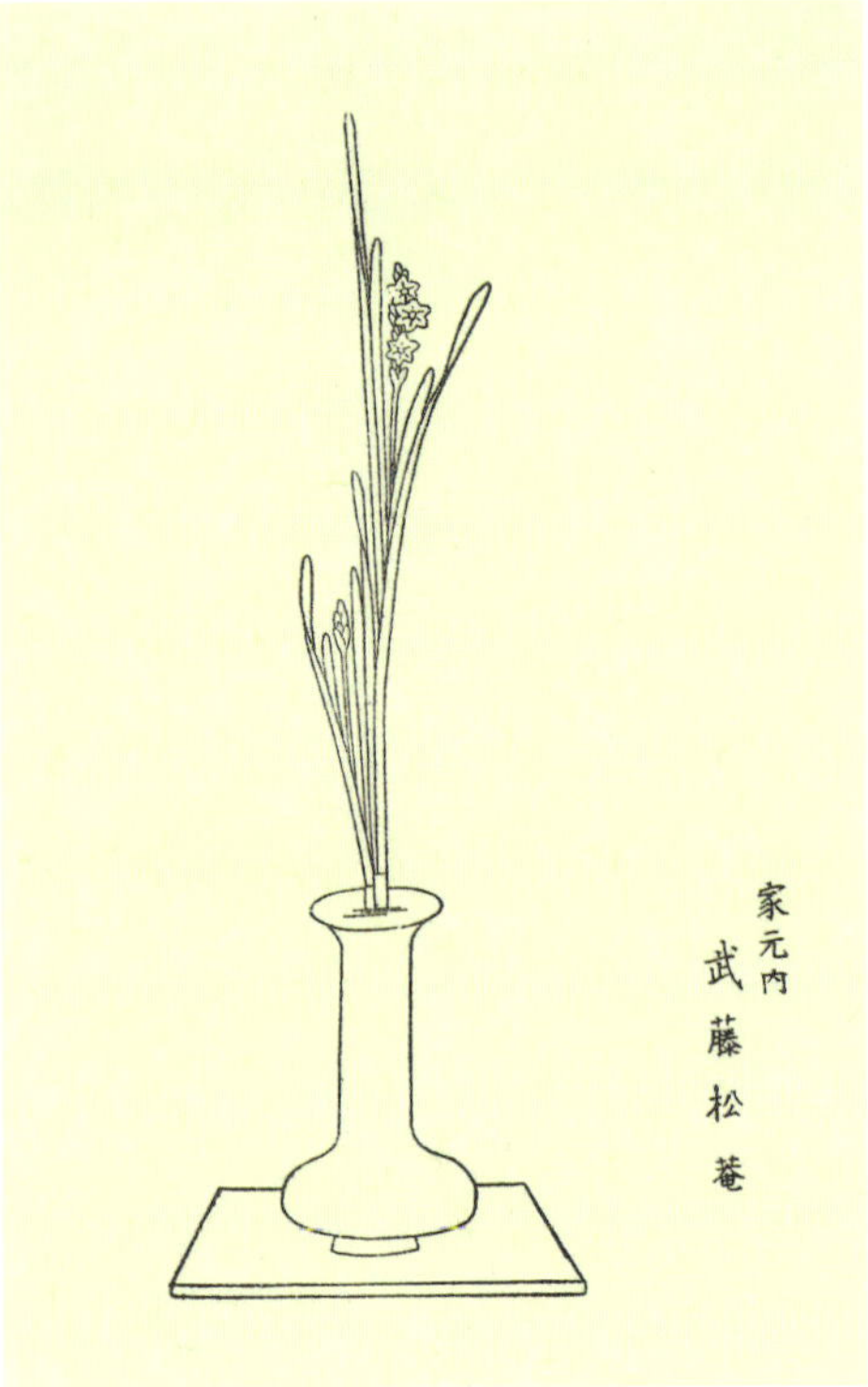

二本生（逆勝手）

もと明治二十七年（一八九四）に、池坊専正により『花心粧』として刊行された書。武藤松庵は家元代見として全国に派遣された人物です。

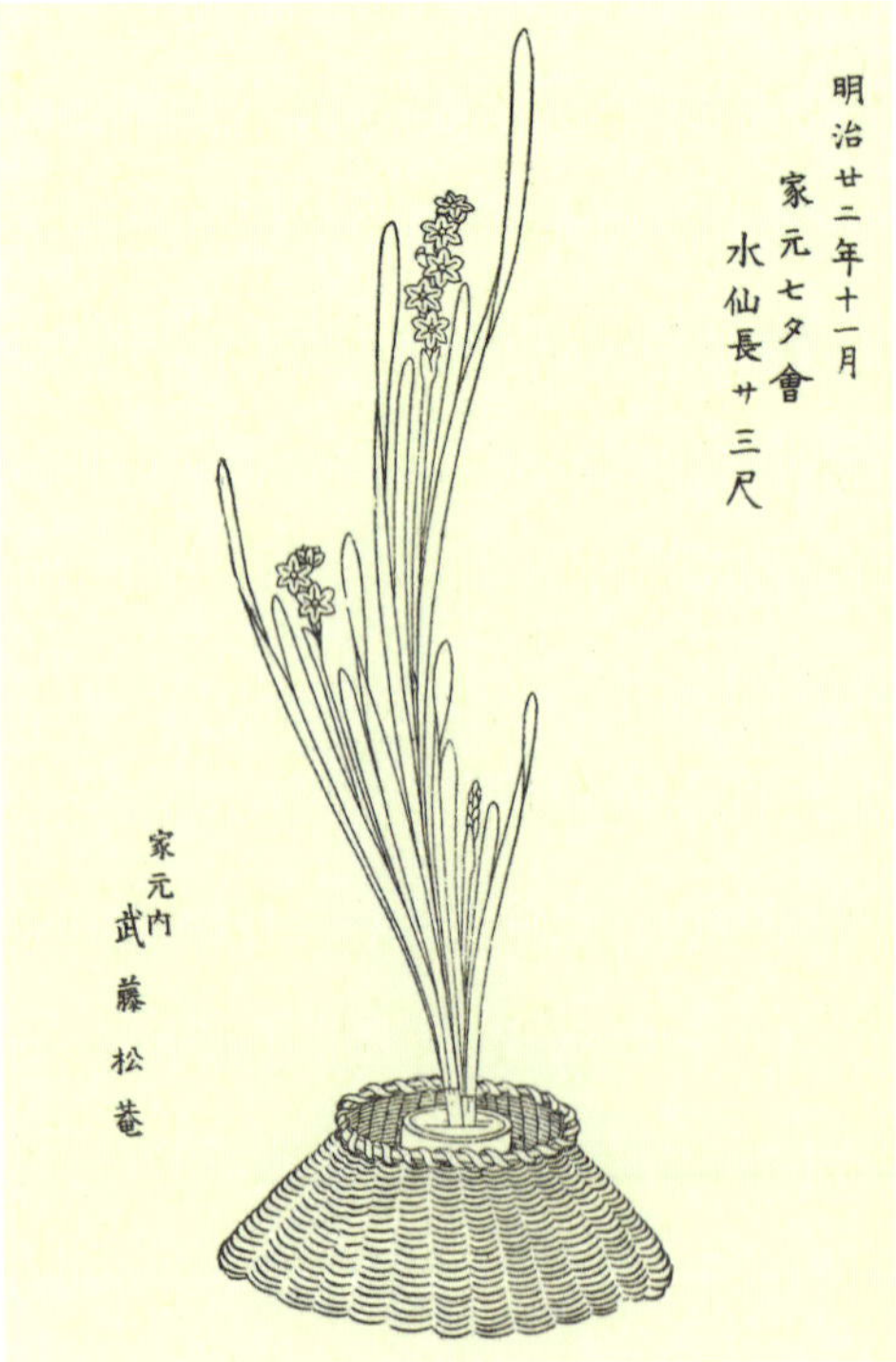

三本生（本勝手）

立花

習物七ヶ條　水仙なげ葉の事

立花における水仙の扱いについて、その習いや伝は、『習物七ヶ條』の「水仙なげ葉の事」と『立華十九ヶ條』の「水仙一色の事」に記されています。

「水仙なげ葉」は、水仙を控枝の位置に用いる方法で、その構成には次の二通りがあります。

①通常の控枝を軽くし、この控枝に添わせて水仙の葉二枚を長く出す方法。

これは控枝の力を水仙で補う心持ちで行います。

②水仙だけで控枝とする方法。

この場合は葉四枚に花を付け、水仙だけで控枝の姿と力が充実するよう構成します。

また、葉四枚に花を付けた控枝に、水仙の葉二枚をさらに添わせる方法もあります。

通常、水仙は立ち伸びる性状を持っていますが、控枝として横に伸ばすことで、霜が降りる中に曲がりながらも生育する様子を見せます。

水仙が曲がってしまうほどの霜なので、厳寒のころの表現となります。伝書には、

> 霜は秋の終りより降るといへど、夫は至って薄き霜にて草の垂る程にはあらず。尤も処によりてかはる事あるべし。

とあり、「水仙なげ葉」を行う時期と、その地域的な気候の差を考慮する旨が記されています。これは、いけばなが暮らしと共にあるということを示す一文でもあります。

控枝に水仙を使う例は、立花を大成した池坊専好（二代）の『立花之次第九拾三瓶有』にすでに見られます。また、『古今立花大全』には控枝に用いる草木の一つに水仙を挙げています。

水仙なげ葉（逆勝手）

【花材】かくれみの　黒芽柳　水仙　ぼけ　コプロスマ　せんりょう
ブルースター玉しだ　メリー　しゃが

控枝のぼけに水仙の葉を二枚添わせた「水仙なげ葉」。

水仙なげ葉（本勝手）

【花材】ぼけ　水仙　柳　ひのき　松　いぶき　つげ　椿　しゃが

葉四枚に花を付けた「水仙なげ葉」。

水仙なげ葉（逆勝手）

【花材】梅　ひのき　水仙　いぶき　椿　小菊　松　びわ

葉四枚に花を付けたものに、さらに葉二枚を添えた「水仙なげ葉」。

立華十九ヶ條　水仙一色の事

「水仙一色」は、『立華十九ヶ條』内に七つある一色物（※七一色）の一つです。

水仙の一色は、立花様式を大成した池坊専好（二代）の作品図『立花之次第九拾三瓶有』にも見られ、かなり早い時期から立てられていました。

「一色」は「一種類の花材だけ」ということではなく、「一種の花材を主体として」の意で、その主体を生かすために他の花材もわずかに用いることがあります。

水仙一色では、しゃがを仮葉とし、前置にはふきのとう、寒菊、きんせんかを使ってよいと伝書に記されています。

水仙は直《すぐ》なる姿が美しいものなので、立花の中心線を基準に、あまり左右に花を出すことはせず、三寸（約十センチ）までにとどめます。また、砂物には立てないことや、花より葉を高く扱うこと。副方（陽方）に開花、請方（陰方）に蕾を使うことなどが伝となっています。

立花で水仙を扱う場合、葉に針金を通して出所を作ったり、動きをつけたりします。また、花首も下を向きやすいので一つずつ細い針金を巻きます。その技法は種々あり、一定ではないので、まずは師の教えを受け、後に自身で工夫を重ねて技術を高めましょう。

「水仙一色」の真は「拝み真」で立てます。花を中央に、左右の葉は手を合わせているような形にし、全体は直真の姿で調えます。この「拝み真」は、水仙の直立する様子をよく表しています。

一方で、水仙の葉の持つ緩やかな曲線、丸い葉先の優しい雰囲気を生かし、除真の姿で立てることもあります。いずれの場合も葉の長短や動き、ねじれに気を配り、作為的な姿にならないようにしなければなりません。

※七一色

松一色、燕子花一色、桜一色、蓮一色、菊一色、紅葉一色、水仙一色

水仙は一本に複数枚の葉が重なって株となっています。立花では多様な水仙の姿を一瓶に集約するので、二枚組、三枚組、五枚組にした葉も使います。

花を付ける葉組みについて、自然界には葉三枚に花のある一本もありますが、多くは葉四枚に花一輪を付けるので、これを基本とします。

なお、葉一枚だけで用いることはせず、このことについて天和三年（一六八三）に刊行された『古今立花大全』には、

とかく水仙は葉づかひ肝要なり。二枚、三枚づゝ、つれだゝせてつかいたるよし。一枚づゝ出して、ひらくと見ゆるは、蜈の足のやうになりてみぐるし

とあり、葉は二枚、三枚と組んで使うのがよく、これらを一枚ずつ出してひらひらと見せるのは、ムカデの足のようで見苦しい、と記されています。

葉三枚に花のある株

葉が五枚の株

拝み真の「水仙一色」（逆勝手）

【花材】水仙　せんりょう　しゃが

水仙の葉にあまり動きをつけず、伸びやかに見せています。

拝み真の「水仙一色」（本勝手）

【花材】水仙　シクラメン　しゃが

前置にシクラメンを用いた「水仙一色」。花器を背の高いものとし、伝統の中にも新しさを追求していきます。

除真の「水仙一色」（逆勝手）

【花材】水仙　小菊　しゃが

前置に小菊の明るさを見せた「水仙一色」。

除真の「水仙一色」（本勝手）

【花材】水仙　シクラメン　しゃが

背の高い花器に呼応するよう、葉を伸び伸びと使っています。

拝み真の「水仙一色」（本勝手）

【花材】水仙　寒菊

江戸期の作風による「水仙一色」。

小ぶりの「水仙一色」

【花材】水仙　寒菊　しゃが

今日の住環境に合わせて、小さくまとめた作品。花数を減らし、シンプルに構成しています。

《参考絵図》

『立花之次第九拾三瓶有』

江戸時代前期

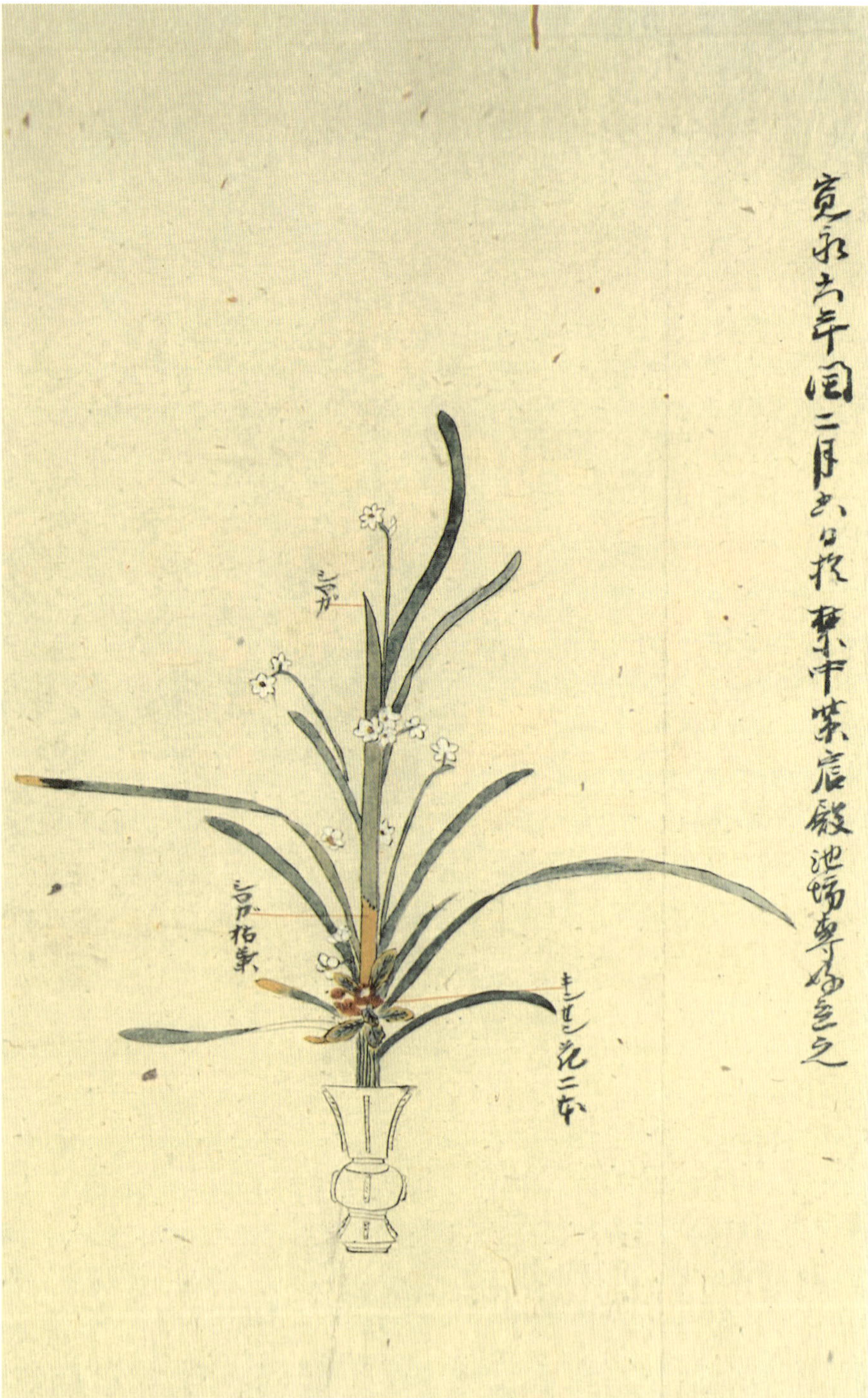

『立花之次第九拾三瓶有』は、池坊専好（二代）が宮中で立てた立花を絵師が手本として描いたもの。
この「水仙一色」は第二十五図で、水仙、しゃが、きんせんかを立てています。
水仙の葉の使い方が奔放で、葉組みは行われていないようです。寛永六年閏二月六日、禁中紫宸殿における作品。

《参考絵図》

『立花之次第九拾三瓶有』第七十九図。
この「水仙一色」では、水仙、きんせんか、しゃが、萱草《かんぞう》が用いられています。
寛永十一年二月二十八日、仙洞における作品。

《参考絵図》

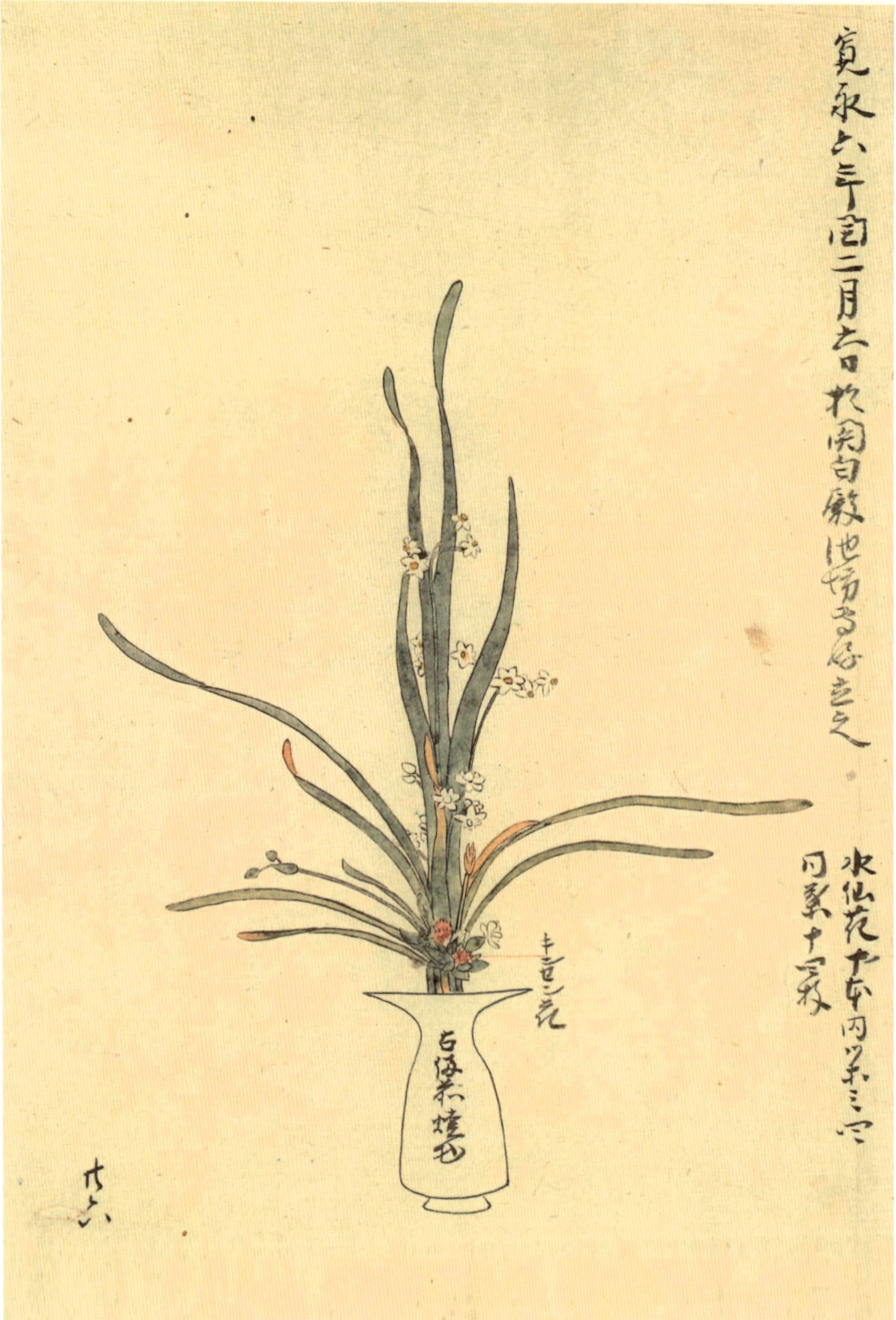

『立花之次第九拾三瓶有』第二十六図。水仙、
きんせんかを立てた「水仙一色」。
第二十五図（34 ページ）と同日に立てられていますが、こちらは関白殿における作品。

専好立花

【花材】水仙　きんせんか　しゃが

葉の一枚一枚がゆったりとして、自然な伸びを見せています。
作為的でない姿が専好立花の特徴です。

《参考絵図》

『立花図并砂物』 寛文十三年（一六七三）刊

この資料の扉題には「六角堂池坊并門弟立花砂之物図」とあり、内容も池坊門弟の作品がほとんどです。
作者である十一屋太右衛門は池坊専好（二代）の高弟で、町人でした。
水仙、きんせんか、しゃがを除真で立てた「水仙一色」です。

《参考絵図》

拝み真の「水仙一色」。水仙、しゃが、きんせんかが使われています。
作者の高田安立坊周玉は池坊専好（二代）の高弟の一人で、浄土真宗高田派の僧。

《参考絵図》

大住院『立花砂物図』

延宝六年（一六七八）刊

水仙、せんりょうによる「水仙一色」。
作者の大住院以信は、日蓮宗本能寺の僧。池坊専好（二代）の高弟で大変に腕の立つ人物でしたが、万治元年（一六五八）に池坊専好（二代）が遷化すると、考え方や作風の違いから池坊を離脱。独自に活躍しました。華道本能寺の流祖。

《参考絵図》

『立《りっ》華《か》時《いま》勢《よう》粧《すがた》』

貞享五年（一六八八）刊

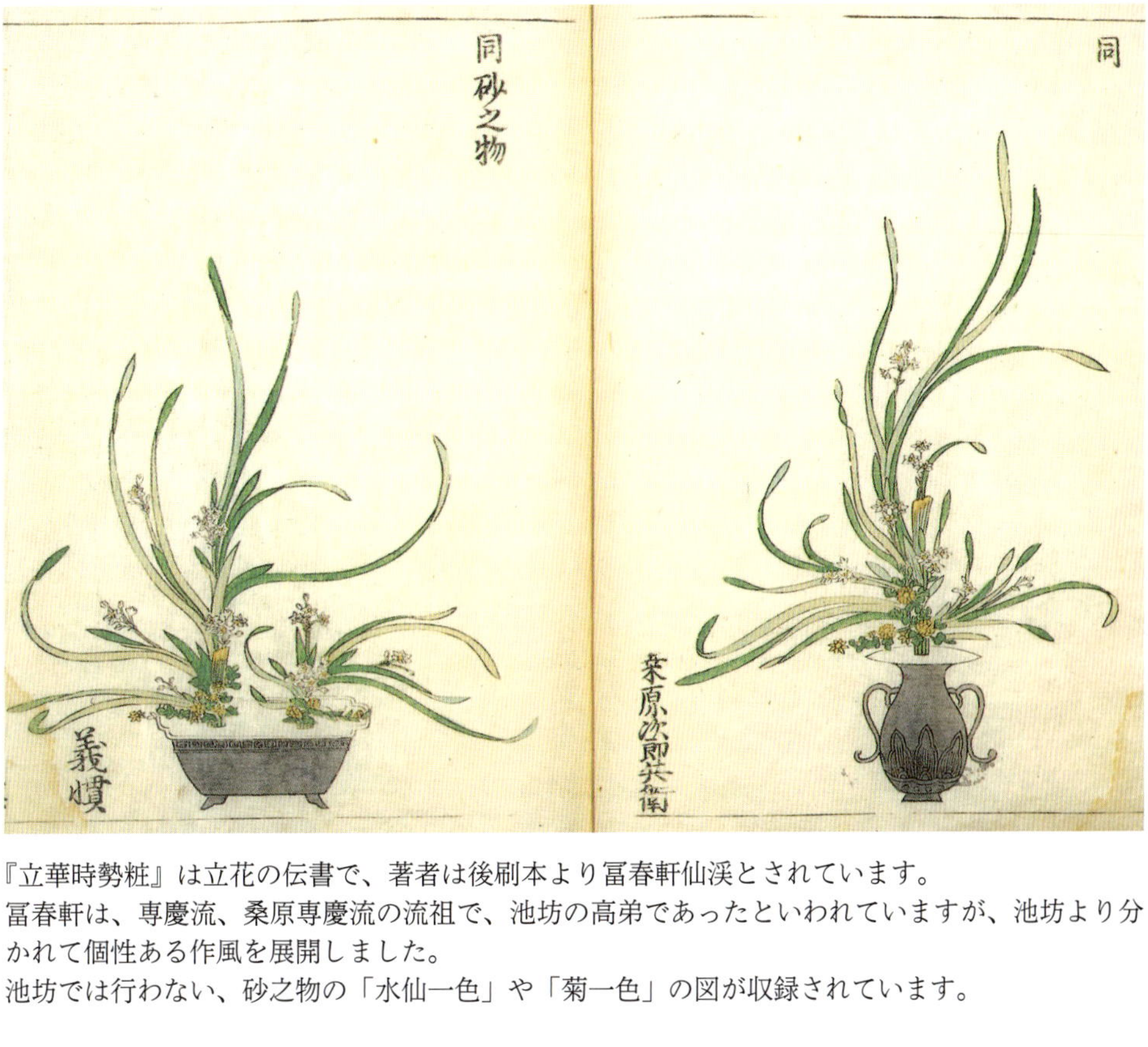

『立華時勢粧』は立花の伝書で、著者は後刷本より冨春軒仙渓とされています。
冨春軒は、専慶流、桑原専慶流の流祖で、池坊の高弟であったといわれていますが、池坊より分かれて個性ある作風を展開しました。
池坊では行わない、砂之物の「水仙一色」や「菊一色」の図が収録されています。

《参考絵図》

『新撰瓶花図彙』元禄十一年（一六九八）刊

水仙、しゃが、きんせんかを用いた拝み真の「水仙一色」。
作者の高田安立坊雲泰は周玉の弟子。
葉先の曲線に表現を求める技が見えます。葉組みや長短のつけ方は、現在と異なります。

《参考絵図》

水仙、しゃが、きんせんかを用いた拝み真の「水仙一色」。
作者の猪飼三枝は、『立花図并砂物』を編集した人物で、貞享五年（一六八八）には池坊会頭職に任じられました。
葉先の扱いに熟練の技が感じられます。真の葉の長短のつけ方は、現在とは違います。

『専明瓶華集』

明治三十年（一八九七）刊

《参考絵図》

水仙、寒菊、しゃがを用いた拝み真の「水仙一色」。
「天保十四年（一八四三）癸卯春正月　家元四十一世専明立調」とあります。
花器は専明創案の「御玄猪」。今では生花用としての印象が強い花器です。
水仙の葉組みは現在と同様。

《参考絵図》

『華道家元 華かゝみ 花心粧の巻』
明治三十七年(一九〇四)刊

水仙、きんせんか、しゃがを用いた拝み真の「水仙一色」。
今日の作品傾向に比べて大きく、重厚感のある作品。

水仙のはなし

現在日本に自生するニホンズイセンは、もともと大陸から伝わったものです。「水仙」の名も、水の多い場所でよく育ち、立ち姿が美しく、馥郁《ふくいく》たる香りをたたえることから、仙人に例えて中国で付けられたといいます。

花は中央部が黄色で、花びらの部分が白く、その姿が「銀の台の上に乗った金の盞《さかずき》」に似ているとして「金盞銀《きんせんぎん》台《だい》」とも呼ばれます。他に「雪中花《せっちゅうか》」「皎草《こうそう》」「雅客《がかく》」などと称されることもあります。

水仙の多くは、地中海沿岸地域が原産であり、学名の「Narcissus」は、ギリシャ神話に出てくるナルキッソスに由来します。ナルキッソスは、水面に映った自分の美しい姿に恋をし、食事もとらず、ずっとそれを眺めていました。やがてナルキッソスが衰弱して死んだ後、化身としてその場に咲いたのが水仙であり、花首がうつむいているのも水面をのぞき込んでいるからだ、と伝えられています。

また、中国では唐代（六一八～九〇七）にはすでに水仙が伝わっており「捺祇《ないぎ》」と呼ばれていましたが、この語源は

《女禮式 四季之活花》
楊斎延一　明治二十六年（1893）
国立国会図書館デジタルコレクション

《「水仙花」炬燵で向き合う男女》
鈴木春信　明和六年（1769）ころ
ボストン美術館

ナルキッソスであるといわれています。

香り高く、冬に咲く花としてとりわけ美しい水仙は、三香（菊・ラン・水仙）の一つ、雪中四友（梅・ろう梅・さざんか・水仙）の一つに数えられます。

日本での水仙の歴史はあまり古くありません。『万葉集』や平安文学にはその名が見られず、初見は文安元年（一四四四）刊の辞書『下学集』であるといいます。

いけばな関連では、『池坊専応口伝』の大永三年（一五二三）本に、「五節句に専可好草木」として正月の草木として梅、きんせんかと共に挙げられており、以後のいけばなの伝書には、必ずといってよいほど水仙の名が出てきます。その人気の高さは、立花や生花の伝書に特別ないけ方が定められたことからも想像できます。

江戸時代以降は、伝統的な草木の持つ意匠や情感を好む分野でも、次第にテーマやモチーフとして水仙が扱われるようになっていきます。例えば、四季を描いた絵図や障子、襖《ふすま》の引き手などにも水仙が現れ始め、やがて風俗図に、水仙のいけばな作品や、いける様子が描かれるようになりました。

なお、家紋としての水仙は新しく、明治になってから出てきたと考えられています。

《四季花鳥図巻（部分）》　酒井抱一　文化十五年（1818）東京国立博物館　TNM Image Archives

水仙はヒガンバナ科の球根植物で、毒性があります。ネギやニラと間違えて食べると中毒症状を起こし、死亡例も報告されます。

夏は休眠しており、ある程度の寒さにならないと花を咲かせません。花茎は葉の和合した内から伸び、最初は包《ほう》に覆われています。この筆先のようになった状態のものは、水仙咲き始めのころの季節表現として、生花の体の花に用います。

水仙の品種は、登録されているものだけで一万種を超え、日々改良・研究が重ねられています。中でも特に力を入れている国は、イギリス、オランダ、日本といわれています。

花言葉はナルキッソスの伝説から「自己愛」。

現在、水仙の名所・産地として、越前海岸（福井県）、淡路島灘黒岩水仙郷（兵庫県）、南房総鋸南町（千葉県）がよく知られています。

淡路島灘黒岩水仙郷（兵庫県）